LES

QUATRE FILLES
DE NAPOLÉON,

TIRÉES

DES 300 NARRATIONS

GRECQUES ET LATINES

DE VITAL-BENOIT MAZOYER,

du Puy (Haute-Loire),

PROFESSEUR, BACHELIER ÈS-LETTRES,

TRADUITES EN FRANÇAIS PAR L'AUTEUR.

A PARIS,

CHEZ LES PRINCIPAUX LIBRAIRES.

A LYON,

CHEZ L'ÉDITEUR, RUE DUBOIS, Nº 31.

1832.

Epaminondas répondit à une dame qui lui vantait la rare beauté de ses filles : Et moi aussi, madame, j'ai deux jolies filles, les victoires de Leuctres et de Mantinée.

Avant-Propos.

Sɪ ce petit ouvrage paraît au jour, c'est d'après les instances réitérées de douze colonels et capitaines de la Drôme, pour l'usage de leurs enfans dont j'ai fini l'éducation avec le plus heureux succès dans l'espace de trois ans.

Comme c'est au récit de ces douze guerriers que je dois le fonds de mon ouvrage, rien par conséquent ne m'appartient dans mes narrations que le style, et l'honneur de les avoir rédigées en français, puis de les avoir traduites en grec, en latin et en stéganographie.

Iʳᵉ FILLE
DE NAPOLÉON.

BATAILLE DE MARENGO.

Hâc pugnâ cantum fuit ejus nomen in
orbe, æterno victrix nomine fama fuit.
(MAZOYER.)

La bataille de Marengo, cette journée si célèbre
et si honorable pour les Français, eut lieu le
14 juin 1800. Les cris mille fois répétés de *senti-
nelle, prenez garde à vous !* les *qui vive?* en langues
différentes, que les vedettes de chaque armée
criaient à tout instant, la canonnade qui se faisait entendre tantôt loin, tantôt près ; en un mot,
les horreurs d'un combat nocturne en furent le
prélude. A la pointe du jour, Napoléon ordonna
à chaque capitaine de rassembler autour de lui
sa compagnie, et de lui faire lecture d'une pro-
clamation dans laquelle tous les soldats étaient
excités à montrer beaucoup de courage dans
cette journée qui allait décider du sort de l'Italie.
Bientôt après, les troupes furent rangées en bataille, et les deux armées en vinrent aux mains.
D'abord elles se battirent de part et d'autre avec
beaucoup d'acharnement et à forces égales ; mais
les Autrichiens ayant reçu de puissans secours,
forcèrent les Français à reculer. L'armée consulaire fut battue jusqu'à deux heures après midi.
Déjà plusieurs de nos bataillons avaient disparu,

et Napoléon ne savait quel parti prendre. Voyant que ses lauriers allaient se flétrir par la perte de cette grande bataille, on lui entendit dire qu'il allait chercher une mort glorieuse; et l'on ignore ce que serait devenu le restant de nos braves, si l'intrépide Désaix ne fût arrivé à temps pour réparer l'échec.

La retraite, ou pour mieux dire la déroute de notre armée allait commencer, lorsque le premier consul, apercevant au loin des tourbillons de poussière, causés par la marche forcée de la division du héros qui ramena la victoire, s'écria : *Mes amis, voici Désaix !* Ce fut alors que de grands cris de joie se firent entendre dans tous les rangs qui répétèrent : *Voici Désaix ! voici Désaix !* Napoléon saisissant l'occasion, parcourut chaque régiment ; puis s'adressant aux soldats avec cet air de confiance qui est le garant de la victoire : *Français,* leur dit-il, *en avant, souvenez-vous que mon habitude est de coucher sur le champ de bataille.* Cette courte harangue électrisa nos soldats qui firent tous des prodiges de valeur. L'action devint terrible ; l'armée du consul foudroya tout ce qui faisait résistance.

En ce moment, arriva le brave Désaix à la tête de sa division, sautant les fossés, franchissant tout, il coupa l'armée autrichienne, culbuta, enfonça et écrasa tout ce qui s'opposait à son passage (1). Le jeune Kellerman fit mettre bas les armes à six mille grenadiers hongrois, tous d'une taille gigantesque. Les généraux Lannes, Mon-

(1) Rien de plus énergique que cette phrase en grec.

nier, Victor, Bessière, Beauharnais et Murat, combattirent en excellens capitaines. Napoléon lui-même, au milieu des boulets qui soulevaient la terre sous les jambes de son cheval démonté quatre fois par une mitraille épouvantable, bravait la mort sans émotion, et sans cesser de donner ses ordres avec son sang-froid ordinaire.

Bataille mémorable qui coûta à l'ennemi douze drapeaux, vingt-six pièces de canon, et trente-huit mille hommes tant tués que blessés ou faits prisonniers. Nous eûmes à regretter sept à huit cents hommes tués de la garde consulaire, un nombre plus considérable d'autre infanterie, et le général Désaix, qui, atteint d'une balle et blessé à mort, n'eut que le temps de dire au jeune Lebrun, fils du troisième consul, qui était avec lui : *Allez dire à Bonaparte que je meurs avec le regret de n'avoir point assez fait pour vivre dans la postérité.* Quelle modestie ! ô généreux Désaix ! la mémoire de tes exploits ne périra point. Tes dernières paroles ne feront qu'attester à la postérité que rien n'égale ta valeur et tes talens ; ton nom est joint à celui de tous nos héros ; honneur à Désaix !

IIᵐᵉ FILLE

DE NAPOLÉON.

BATAILLE D'AUSTERLITZ.

Ce fut le 2 décembre 1805 que les Français remportèrent sur les armées russe et autrichienne cette fameuse bataille que les soldats s'obstinent à appeler la journée des trois empereurs, que d'autres appellent la journée de l'anniversaire, et que Napoléon a nommée la bataille d'Austerlitz. La veille de cette immortelle victoire, au coucher du soleil, le grand homme, témoin des fautes que venaient de commettre les généraux ennemis, dit aux officiers supérieurs qui étaient à sa suite : *Demain, avant deux heures après midi, toute cette armée est à moi.* La prédiction, que nos descendans croiront n'avoir été mise dans l'histoire qu'après coup, se réalisa. Les troupes françaises furent victorieuses ; les Russes et les Autrichiens furent complétement battus. L'empereur de Russie ayant fait avancer sa garde pour réparer l'échec, cette garde qu'on vantait si redoutable, fut entièrement culbutée en moins de deux heures par la vieille garde impériale française.

Cinquante drapeaux, cent soixante pièces de canon, tous les caissons, tous les bagages, tous les chariots , tous les étendards des Moscovites, soixante mille fusils , et une multitude innombrable de prisonniers furent le résultat de cette attaque imprudente de la part des Russes, qui, sans doute, ne s'attendaient pas à une déroute si complète ; car la veille de cette fatale journée pour le colosse du Nord , l'empereur Alexandre avait fait chanter en commun , dans son camp , le *Te Deum* pour remercier Dieu , *disait-il,* du courage héroïque qu'il inspirait à ses soldats. Le nombre des morts, tant Russes qu'Autrichiens , était si immense, que Napoléon en frémissait d'horreur , et que plusieurs fois, par une humiliante pitié , il cria à haute voix le *parce victo* d'Annibal à la journée de Cannes.

Tout était décidé , lorsque le grand homme s'étant encore aperçu qu'une colonne d'environ 25 à 30,000 Russes, qui n'avait point d'autre issue, se retirait pêle-mêle en traversant un lac glacé, donna ordre de briser la glace. Cet ordre fut exécuté par les artilleurs de la vieille garde, et les malheureux cosaques furent tous engloutis dans le lac ; ils poussaient des hurlemens effroyables ; un si triste spectacle aurait touché le cœur le plus dur. L'armée russe ne fit pas de retraite, tout son parc d'artillerie fut pris. Les débris des régimens qui se sauvèrent, abandonnèrent leurs sacs et leurs armes. L'empereur d'Autriche acheta chèrement la paix le lendemain. Alexandre, entouré dans Holich , aurait été fait prisonnier s'il n'avait donné sa parole d'évacuer la Hongrie et la Pologne par telles routes et à telles journées que lui désigna Napoléon, qui retarda sa marche pour le laisser retirer dans ses Etats. Trait de générosité qui mérite d'être su par la postérité, et qui fut payé de la plus noire des ingratitudes en 1814.

Je ne saurais aussi passer sous silence un fait qui est digne d'être conservé. Napoléon, au milieu de l'action, étant venu voir si quelques régimens de cavalerie qu'il avait laissés en réserve, étaient en bon ordre, trois ou quatre étourdis, enthousiasmés de sa présence et de la célèbre bataille qu'il remportait, se mirent à crier : *En avant, en avant, qu'on nous fasse battre comme les autres, nous voulons participer à la victoire.* Bonaparte s'étant un peu avancé : *D'où viennent, dit-il, de quels rangs sortent de tels cris ? Il n'y a que des imberbes qui aient pu les proférer; je ne veux pas connaître les coupables, parce que, si je les connaissais, je les punirais sévèrement. Modérez, jeunes cavaliers, votre ardeur inconsidérée qui pourrait devenir funeste à mon armée. Attendez que vous ayez assisté à quarante batailles rangées, à cent soixante combats, et à vingt siéges, pour me donner des ordres. Je sais ce que j'ai à faire; je connais mon devoir, tâchez de connaître le vôtre. C'est à moi de commander, et à vous d'obéir.* Aussitôt le silence le plus profond régna dans tous les rangs, et bientôt après Napoléon ordonna à cette cavalerie de poursuivre les fuyards ; elle fit encore 15 mille prisonniers, et ayant rencontré sur la route de Holich une colonne de 7 à 8 mille Russes qui se retirait en bataillons carrés, elle en fit une boucherie. Journée mémorable qui coûta aux ennemis plus de 6o mille hommes , et qui immortalisera à jamais nos héros.

~~~~~~

IIIme FILLE
DE NAPOLÉON.

BATAILLE D'IÉNA.

Jéna ou Iéna , petite ville de Thuringe , dans la principauté de Saxe-Weimar , est devenue cé- lébre par l'immortelle victoire que les Français remportèrent le 14 octobre 1806 , sur l'armée prussienne et ses alliés , commandée par le roi de Prusse. Napoléon se conduisit dans cette ba- taille avec une prudence digne du plus excellent capitaine. D'abord il feignit, pour attirer les en- nemis sur la plaine , de battre en retraite. Son projet lui réussit complètement. Les Prussiens , prenant cette retraite simulée pour une fuite honteuse, eurent l'imprudence de prêter le flanc aux Français , et d'envoyer en avant toute leur cavalerie pour tâcher de les envelopper, et faire en sorte qu'il n'en pût échapper un seul; mais cette manœuvre leur fut tout-à-fait funeste. *Les lâches,* disaient-ils en arrivant sur le grand chemin pour couper la retraite de nos braves, *nous pren- nent-ils pour des cosaques ; faisons-leur voir ce que*
~~~~~~

*nous sommes ; montrons-leur ici la différence qu'il
y a entre un Russe et un Prussien.*

La tactique accoutumée de Napoléon, et celle
qui lui réussit toujours, était d'enfoncer le centre de son ennemi, et d'écraser ensuite les ailes.
Parcourant donc chaque régiment, il dit avec
enthousiasme : *Soldats, les Prussiens et leurs alliés
sont dans le piége ; nous allons remporter aujour-
d'hui une victoire beaucoup plus célèbre encore que
celle d'Austerlitz.* Après avoir encouragé toute
l'armée française, il fit attaquer le centre des
Prussiens, le rompit, extermina entièrement
l'aile gauche, et fit, comme par enchantement,
toute l'aile droite prisonnière. Le roi de Prusse
ordonna bien à sa cavalerie de s'avancer pour
empêcher le grand nombre de prisonniers ; mais
il n'était plus temps ; la manœuvre fut fausse et
mal combinée ; d'ailleurs ce n'était plus la cavalerie du Grand-Frédéric : elle fut arrêtée par la
vieille garde et horriblement massacrée. Le nombre des morts sans compter les blessés qui étaient
en grande quantité, fut si immense du côté des
Prussiens et de leurs alliés, que je suis forcé de
le passer sous silence, tellement il fait horreur. Je
me contenterai de dire que le résultat de cette
mémorable journée fut le massacre presque total
du centre et de l'aile gauche de l'armée prussienne, forte d'environ 150,000 hommes, et la
prise de toute l'aile droite, avec son artillerie,
munitions, bagages, étendards, caissons, maga-
sins, la reddition de toute la Prusse, la West-
phalie, la Hesse, le Hanovre, la Silésie, la Po-

logne, et de tous les autres Etats soumis à la Prusse. Ce ne fut pas sans de grandes difficultés que le roi et la reine parvinrent à passer l'Oder, et à s'échapper avec 5 ou 6 mille hommes seulement, débris de chaque régiment prussien exterminé. Voilà, Français, voilà des journées que la postérité pourra, sans contredit, comparer aux plus grandes journées de l'antiquité, aux journées d'Arbèle, de Cannes, de Zama, de Pharsale et de Cirta.

IVme FILLE

DE NAPOLÉON.

BATAILLE DE FRIEDLAND.

Si jamais bataille fut opiniâtre, c'est bien celle de Friedland. Jamais victoire ne fut disputée avec plus d'acharnement ; cependant enfin l'armée française fut victorieuse selon sa coutume. Napoléon, dans cette journée, n'eut pas à combattre l'intempérie de la saison ; la neige, comme à Eylau, ne mit point d'obstacle à ses savantes manœuvres. Aussi, l'affaire se décida-t-elle en sa faveur à cinq heures du soir. Drapeaux, caissons, sacs, provisions, tout allait tomber au pouvoir de notre armée, lorsqu'à force de sacrifices les ennemis parvinrent à s'emparer d'un poste avantageux que les Français occupaient. C'est là que le choc fut terrible.

Le général Kutusof, capitaine très-aguerri, la terreur des Turcs, et élève du célèbre Suvarow, enhardi par ce succès, dit avec orgueil à son aide-de-camp qui le félicitait de sa réussite : *Voyons, servons-nous une bonne fois de la tactique usitée de Napoléon, attaquons fortement le centre de l'armée française, et réunissons toutes nos forces à cet effet.* Il le fit, et cette tactique qui étonna grandement Bonaparte réussissait fort bien à

Kutusof ; car les Français crurent un instant qu'il faudrait battre en retraite, en cédant aux ennemis l'importante redoute qu'ils leur avaient enlevée à dix heures du matin. Dans le même moment Napoléon fit avancer sa garde au terrible pas de charge ; ce qui jeta les ennemis dans l'épouvante. Kutusof ne sachant plus que faire : *Houra !* cria-t-il à ses soldats : *Houra !* répondirent les Russes ; mais ce fut en vain : les colonnes ennemies furent exterminées à la baïonnette ; des bataillons entiers de leurs légions tombaient aux pieds de nos vieux guerriers. La garde impériale française montra dans cette journée le même héroïsme qu'à Austerlitz ; trois fois elle en vint aux mains avec la garde impériale russe, trois fois elle l'écrasa.

L'ennemi nous abandonna 48 mille hommes, 80 pièces de canon, et la plus grande partie de ses bagages ; et si l'empereur de Russie n'eût fait rompre le pont de Tilsit, c'en était fait de lui et du reste de son armée ; il était fait prisonnier avec ses bataillons en désordre.

Cette célèbre journée, l'anniversaire de Marengo, amena la paix par laquelle le roi de Prusse fut dépouillé d'une grande partie de ses Etats, et Alexandre s'engagea à fermer tous les ports de la Russie aux flottes anglaises.

Le lecteur me saura gré d'un fait que je vais raconter, et qui mérite la plus grande attention. L'empereur Paulowitz, après avoir conclu la paix à Tilsit avec Napoléon, voulut passer en revue notre vieille garde ; voyant qu'elle exécutait avec

une habileté sans égale les marches et les contre-
marches les plus difficiles , sans entendre le moin-
dre commandement , mais seulement par le
moyen des signes que faisait le grand homme ,
avec son épée, saisi d'admiration , il dit à son
frère Constantin qui était aussi surpris que lui :
Les braves ! ce sont tous des capitaines ! et puis à
notre empereur : *Dieu seul peut détruire cette
phalange.* Paroles mémorables qui méritent d'être
conservées en l'honneur de nos guerriers.

Napoléon , le lendemain , voulut aussi passer
en revue la garde impériale russe ; mais il se
montra plus généreux qu'Alexandre ; car, après
la manœuvre dont il fut très-satisfait , il distri-
bua lui-même plusieurs croix d'honneur aux
plus braves des Moscovites qui s'étaient distin-
gués à Austerlitz, à Friedland , et principalement
à Eylau. Trait de générosité que le savant Zoro-
nof n'a pas oublié dans son *Histoire de Russie*,
et qui est un monument de plus à la gloire éter-
nelle du héros des héros.

LYON. — IMPRIMERIE DE CHARVIN.